AF394886

Les Jeux semblent bien meilleurs quand ils
sont la récompense du travail.

L'ÉTUDE ET LA RÉCRÉATION
L'ABÉCÉDAIRE
des Jeux de l'Enfance,
orné de 35 Figures.
PARIS
LEDENTU, Libraire, Quai des
Augustins N.º 31.

L'ÉTUDE
ET LA RÉCRÉATION :

ABÉCÉDAIRE

PHYSIQUE ET MORAL

DES JEUX DE L'ENFANCE,

CONTENANT :

Une nouvelle Méthode de Lecture graduée par syllabes ;

Un Précis alphabétique des Jeux les plus chers à l'Enfance ;

Les Élémens de la Grammaire, de l'Orthographe et des Calculs à la portée du premier âge ;

Quelques Fables, Historiettes, Quatrains moraux, etc.

Orné de trente-cinq sujets gravés en taille-douce.

Seconde Édition.

A PARIS,

CHEZ LEDENTU, LIBRAIRE,
QUAI DES AUGUSTINS, n° 31.

———

1832.

PARIS. — IMPRIMERIE DE CASIMIR,
RUE DE LA VIEILLE-MONNAIE, N° 12.

A	a
B	b
C	c

D d

E e

F f

G g
H h
IJ ij

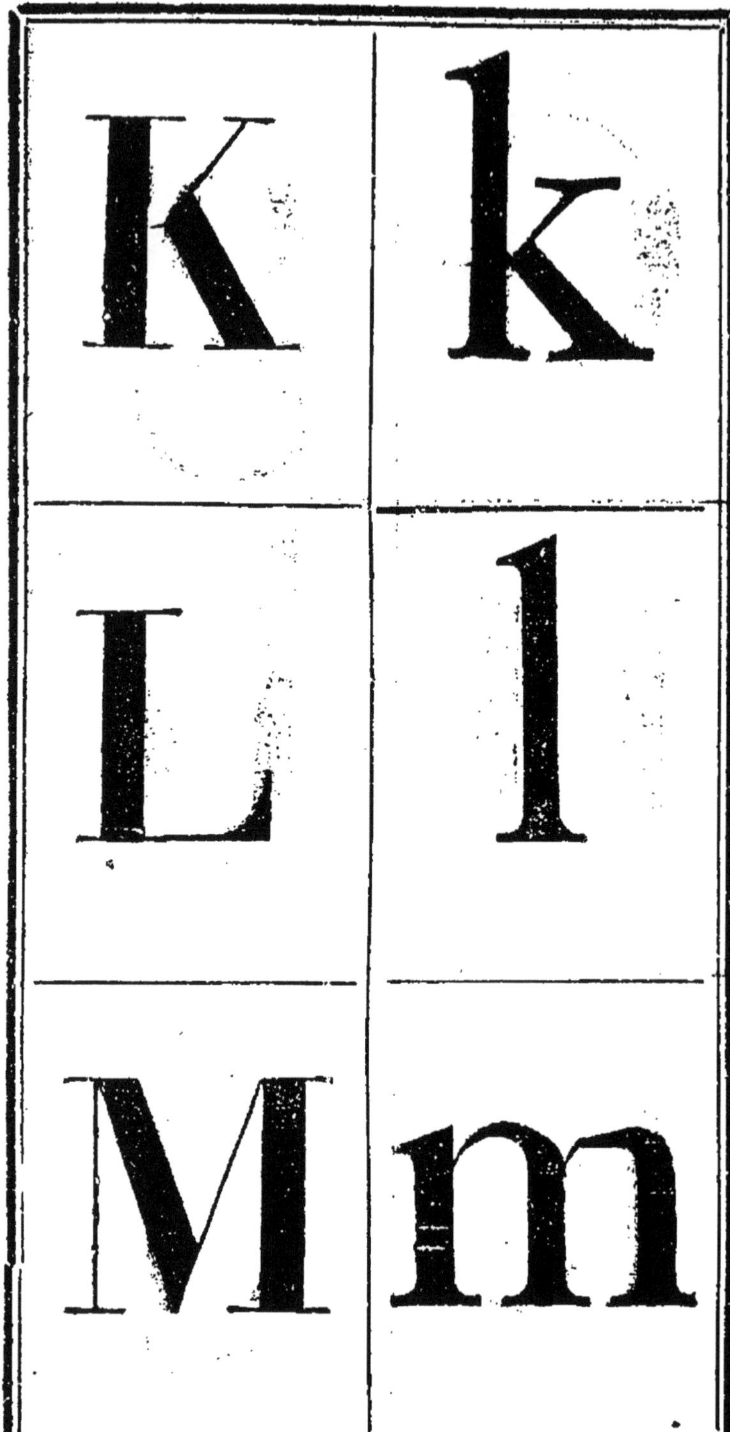

N
n
O
o
P
p

Q q

R r

S s

T	t
U	u
V	v

X x
Y y
Z z

A B C D

E F G H

I J K L M

N O P Q

R S T U

V X Y Z.

A B C D

E F G H

I J K L

M N O P

Q R S T

U V X Y Z

a	b	c	*a*	*b*	*c*
d	e	f	*d*	*e*	*f*
g	h	i	*g*	*h*	*i*
j	k	l	*j*	*k*	*l*
m	n	o	*m*	*n*	*o*
p	q	r	*p*	*q*	*r*
s	t	u	*s*	*t*	*u*
v	w	x	*v*	*w*	*x*
y	z.		*y*	*z.*	

Alphabets intervertis.

Z Y X W V U T
S R Q P O N M
L K J I H G F
E D C B A

---

z a y b x c w d
v e u f t g s h r
i q j p k o l n m

---

m n l o k p
j q i r h s g
t f u e v d w
c y b z a x

Les voyelles.

a e i ou y o u.

Les consonnes.

b c d f g

h j k l m

n p q r s

t v w x z.

SYLLABAIRE COMPLET.

Première épellation.

aa	ea	ia	oa	ua
ab	eb	ib	ob	ub
ac	ec	ic	oc	uc
ad	ed	id	od	ud
ae	ee	ie	oe	ue
af	ef	if	of	uf
ag	eg	ig	og	ug
ah	eh	ih	oh	uh
ai	ei	ii	oi	ui
aj	ej	ij	oj	uj
ak	ek	ik	ok	uk
al	el	il	ol	ul

am	em	im	om	um
an	en	in	on	un
ao	eo	io	oo	uo
ap	ep	ip	op	up
aq	eq	iq	oq	uq
ar	er	ir	or	ur
as	es	is	os	us
at	et	it	ot	ut
au	eu	iu	ou	uu
av	ev	iv	ov	uv
aw	ew	iw	ow	uw
ax	ex	ix	ox	ux
ay	ey	iy	oy	uy
az	ez	iz	oz	uz

Syllabes composées d'une consonne et d'une voyelle.

ba be bi bo bu

ca ce ci co cu

da de di do du

fa fe fi fo fu

ga ge gi go gu

ha he hi ho hu

ja je ji jo ju

la le li lo lu

*Application du principe indiqué
ci-contre* (1).

ba-teau a-ra-*be* *bi*-det *bo-bo* *bu*-
reau

ca-non *ce*-la *ci*-tron *co*-lo-nie
cu-ri-eux

da-da ma-la-*de* *di*-man-che *do-*
do ca-*du*-que

fa-tal ca-ra-*fe* *fi*-cel-le *fo*-lie *fu*-
meur

ga-ge *gi*-bier go-bel-et ai-*gu*

ha-bi-tu-de *hi*-deux *ho*-quet *hu-*
meur

ja-lou-sie *je*-ter *jo*-li *ju-ju*-be

la-me sal-*le* *li*-vre *lo*-ge *lu*-ne

(1) L'élève n'étudiera les pages 19, 21, 23, 24, 27,
29, 31 et 33, que lorsqu'il épellera couramment celles
qui sont en regard.

Suite des syllabes composées d'une consonne et d'une voyelle.

ma me mi mo mu

na ne ni no nu

pa pe pi po pu

ra re ri ro ru

sa se si so su

ta te ti to tu

va ve vi vo vu

za ze zi zo zu

Application du principe indiqué ci-contre.

ma-da-*me* a-*mi* *mo*-ra-le *mu*-rail-le

na-vet bon-*ne* *Ni*-ni-ve *no*-te si-*nu*-eux

pa-*pa* *pe*-lo-te char-*pi*-e po-li-chi-nel-le *pu*-re

ra-*re* *ri*-co-chet *ro*-ti ser-*ru*-*re*

sa-bre *se*-rin *si*-len-ce *so*-no-re bos-*su*

ta-ble bat-*te* *ti*-mi-de *to*-ton tur-lu-*tu*-*tu*

a-*va*-ri-ce ca-*ve* *vi*-vre *vo*-ra-ce gra-*vu*-re

a-*za* zè-bre *zi*-*zi* zo-zo a-*zu*-ré

Syllabes composées d'une voyelle entre deux consonnes.

bal	bel	bil	bol	bul
cal	cel	cil	col	cul
dal	del	dil	dol	dul
gal	gel	gil	gol	gul
mal	mel	mil	mol	mul
nal	nel	nil	nol	nul
pal	pel	pil	pol	pul
sal	sel	sil	sol	sul
tal	tel	til	tol	tul
val	vel	vil	vol	vul

Application du principe indiqué
ci-contre.

bal-lon *bel*-vé-der *bil*-le *Bol*-bec
bul-le-tin

lo-*cal* *cel*-se sour-*cil* col-le *cul*-ti-
va-teur

py-ra-mi-*dal* *Del*-phi-ne A-*dol*-phe
a-*dul*-te

gal-li-que Ar-chan-*gel* *Gil*-Blas Mo-
gol *Gul*-li-ver

a-ni-*mal* hy-dro-*mel* *mil*-le *mol*-
les-se *mul*-ti-pli-er

jour-*nal* Lu-*nel* four-*nil* *nol*-let
an-*nul*-ler

pal-lier ap-*pel* *pil*-lard *pol*-tron
pul-vé-ri-ser

sal-tim-ban-que ais-*sel*-le *sil*-
houet-te *sol*-dat *sul*-fu-reux

fa-*tal* au-*tel* ou-*til* Bris-*tol* *tul*-le

ri-*val* *vel*-te *vil*-le *vol*-ti-geur
vul-gai-re

Syllabes composées d'une voyelle entre deux consonnes nasales.

ban ben bin bon bun

can cen cin con cun

dan den din don dun

fan fen fin fon fun

lan len lin lon lun

man men min mon mun

pan pen pin pon pun

ran ren rin ron run

san sen sin son sun

tan ten tin ton tun

van ven vin von vun

Application du principe indiqué
ci-contre.

ban-quier *Ben*-ja-min ro-*bin* char-
bon tri-*bun*

can-deur *cen*-ti-me lar-*cin* con-
son-ne cha-*cun*

dan-seur *den*-tel-le *din-don* Ver-
dun

Fan-fan fen-dre ai-gre-*fin* pro-
fon-deur

bou-*lan*-ger *len*-teur *lin*-ge sa-
lon a-*lun*

man-ger *men*-diant car-*min mon*-
tre com-*mun*

pan-se *pen*-ser la-*pin* fri-*pon*

dé-*ran*-ger *ren*-te *rin*-çu-re po-
ti-*ron*

san-da-ra-que as-*sen*-ti-ment *sin*-
ge men-*son*-ge

é-*tan*-cher *ten*-ta-tion mu-*tin ton*-
ton im-por-*tun*

van-te-rie *ven*-dan-ge ra-*vin*
sa-*von*

Suite des syllabes composées d'une voyelle entre deux consonnes.

bar	ber	bir	bor	bur
car	cer	cir	cor	cur
dar	der	dir	dor	dur
far	fer	fir	for	fur
gar	ger	gir	gor	gur
har	her	hir	hor	hur
lar	ler	lir	lor	lur
mar	mer	mir	mor	mur
nar	ner	nir	nor	nur
par	per	pir	por	pur

*Application du principe indiqué
ci-contre.*

bar-re *ber*-ger su-*bir* *bor*-ne *bur*-
les-que

car-ros-se *cer*-ceau noir-*cir* cor-
de obs-*cur*

dar-*der* gran-*dir* *dor*-lo-ter en-
dur-cis-se-ment

far-ci *fer*-me con-*fir*-mer *for*-ce
fur-ti-ve-ment

gar-dien lin-*ger* a-*gir* fla-*gor*-
neur

har-nois *her*-be *hor*-ri-ble *hur*-le-
ment

lar-der a-*ler*-te sa-*lir* *lor*-gner

mar-bre a-*mer* *mir*-li-ton *mor*-
ceau *mur*-mu-re

nar-guer or-*ner* fi-*nir* *nor*-mand

par-don *per*-du sou-*pir* em-*por*-
te-ment *pur*-ga-tion

*Suite des syllabes composées d'une
voyelle entre deux consonnes.*

sar	ser	sir	sor	sur
tar	ter	tir	tor	tur
var	ver	vir	vor	vur
zar	zer	zir	zor	zur

---

*Syllabes composées de deux consonnes
et une voyelle.*

cha	che	chi	cho	chu
gna	gne	gni	gno	gnu
pha	phe	phi	pho	phu
rha	rhe	rhi	rho	rhu

Application du principe indiqué
ci-contre.

sar-cler haus-*ser* gros-*sir* sor-ti-e sur-tout

tar-dif *ter*-ri-ble sor-*tir* tor-ti-co-li *tur*-bu-lent

ba-*var*-de *ver*-tu ser-*vir* di-*vor*-ce

ha-*zar*-der *Zer*-bin A-*zor* a-*zur*

———

cha-ri-ta-ble là-*che chi*-cot *cho*-quant *chu*-cho-ter

si-*gna*-le-ment en-sei-*gne* si-*gni*-fier i-*gno*-rant ro-*gnu*-re

pha-ri-sien or-tho-gra-*phe phi*-lo-so-*phi*-e *pho*-que

Pyr-*rha* ar-*rhe rhi*-no-cé-ros *Rho*-des *rhu*-me

Suite des syllabes composées de deux consonnes et une voyelle.

bla   ble   bli   blo   blu

cla   cle   cli   clo   clu

fla   fle   fli   flo   flu

gla   gle   gli   glo   glu

pla   ple   pli   plo   plu

bra   bre   bri   bro   bru

cra   cre   cri   cro   cru

dra   dre   dri   dro   dru

fra   fre   fri   fro   fru

*Application du principe indiqué
ci-contre.*

bla-fard ta-*ble* o-*bli*-que *blo*-quer
blu-teau

Cla-ris-se o-ra-*cle* *cli*-gno-ter *clo*-
cher ex-*clu*-si-ve-ment

fla-te-rie *fle*-xi-ble af-*fli*-ger *Flo*-
re *flu*-i-de

gla-ner ai-*gle* *glo*-ser *glu*-ant

pla-cet cen-tu-*ple* *pli*-er dé-*plo*-ra-
ble *plu*-me

———

bra-ve ar-*bre* *bri*-o-che *bro*-can-
teur é-*bru*-i-ter

cra-va-te na-*cre* *cri*-ard *cro*-chet
cru-el

dra-gon la-*dre* A-*dri*-en *dro*-ma-
dai-re *dru*-i-de

fra-gi-le fi-*fre* *fri*-an-di-se *fro*-ma-ge
fru-gal

Suite des syllabes composées de deux consonnes et une voyelle.

gra   gre   gri   gro   gru

pra   pre   pri   pro   pru

tra   tre   tri   tro   tru

vra   vre   vri   vro   vru

Diphthongues, ou sons formés de deux ou plusieurs lettres.

ai   ei   oi   ui

au   eau   eu   ou

Diphthongues nasales.

ain   ein   eun   oui

oin   ouin   uin

Application du principe indiqué
ci-contre.

gra-ci-eux ai-gre-let gri-ve gro-
  tes-que gru-ger

pra-ti-que à-pre-té pri-è-re pro-
  mes-se pru-ne

tra-hi-son mon-tre tri-om-phe tro-
  ter tru-meau

ou-vra-ge lou-vre ou-vri-er i-vro-
  gne

---

ai-gle pei-ne toi lui
paix sei-gle voix ai-guil-le
au-teur beau heu-reux ou-til
dau-phin ta-bleau Dieu louis

---

sain frein à jeun en-foui

foin mar-souin juin

Lettres liées.

æ (dans les mots latins seule-
    ment)

ff a*ff*ai-re a*ff*a-bi-li-té

fi ffi con-*fi*-den-ce o*ffi*-cier

fl *fl*am-me af-*fl*u-en-ce

œ œuf œil bœuf

W wil-liams   etc. (*et cæ-te-ra*)

Les cinq sortes d'e français.

e (*muet*) hom-me ro-s*e* fa-ble

é (*fermé*) né é-le-vé de-cé-dé

e (*moyen*) je le me que se te

è (*ouvert*) pè-re mè-re frè-re

ê (*long*) tête re-quê-te tem-pê-te

Signes orthographiques.

parenthèse ( )   guillemets (« »)

tréma (¨)   cédille (ҫ)

apostrophe (')

Ponctuation.

virgule (,) point et virgule (;)

deux points (:) un point (.)

point d'admiration ou d'excla-

mation (!)

point d'interrogation (?)

trait d'union (-) de séparation (—)

Accens (1).

aigu (')   grave (`)

circonflexe (^)

---

(1) **Voyez les** *cinq sortes d'e français,* page 34, et les *voyelles avec et sans accens,* page 36.

Voyelles avec et sans accens.

a (bref) b*a*-bil, c*a*-nif, f*a*-ti-gue.

à (grave) c'est *à* Pa-ris, *à* Lyon,
  à Ro-me.

â (long) b*â*-ton, ch*â*-lons, m*â*t.

e (muet) hom-m*e*, li-vr*e*, fou-l*e*.

é (aigu ou fermé) ai-m*é*, *é*-tran-
  ge, pi-*é*-t*é*.

e (moyen ou bref) l*e* ch*e*-val,
  r*e*-pen-tir.

è (grave ou ouvert) p*è*-re, fr*è*-re,
  succ*è*s.

ê (long) f*ê*-te, hon-n*ê*-te, t*ê*-te.

i (bref) her-m*i*-te, b*i*-se, ta-r*i*f.

î (long) g*î*-te, d*î*me.

o (bref) dé-v*o*-te, v*o*-tre a-mi.

ô (long) a-p*ô*-tre, le v*ô*-tre.

u (bref) b*u*t-te, ch*u*-te, ton-d*u*.

û (long) fl*û*-te, vin du cr*û*, ton d*û*

Voyelles et consonnes muettes (1).

*A*out, saou*l*, la Saô-ne, eau, beau, ba-teau*x*, cha-peau, je ga - geai, tu na - geas, i*l* plon-gea, nous chan - geâ*mes*, vous e - xi - geâ - *tes*, en son-gean*t*, ils ju - geaien*t*, sac - ca-geaien*t*, ra - va - geaien*t*, Saint-Jean, bour - geoi - se, na - geoi-*res*, gré-geois, plon-geon*s*, pi-

---

(1) Si ces deux pages paraissaient trop difficiles, on pourrait en retarder l'étude jusqu'après la page 42, où finit l'épellation.

Voici la prononciation de ces mots : les lettres muettes sont remplacées par autant d'apostrophes.

'oû', s'ou', la S'ôn', 'au, b'au, bat'au', chap'au, je gag'ai, tu nag'a', il plong'a, nou' chang'am'', vous exig'at'', en song'an', il' jug'ai''', saccag'ai''', ravag'ai''', S'in'-J'an, bourg'ois', nag'oir'', grég'oi', plong'on', pi-

geon-neau*x*, é - bour-geonne*r*,
es-tur-geons, *E*u-gè-n*e*, ga-
geu-r*e*, eu-cha-ris-tie, *E*u-ro-
pe, S*a*int-*E*us-ta-che, j'eus,
tu *eus*, il *eut*, nous eû-m*es*,
vous eû t*es*, ils eu-re*nt*, de*s*
faon*s*, des paons, des taon*s*, la
vil-*le* de Laon, le Rh*ô*-n*e*, la
rh*é*-to-ri-q*ue*, un rh*u*-m*e*.

---

g'o'n'au', ébourg'o'né', esturg'on', 'ugèn', gag'ur', 'uc'a-
risti', 'nrop', S'int-'ustach', j''u', tu 'u', il 'u', nous
'um'', vous 'ut'', ils 'ur''', dè' fa'n', dè' pa'n', dè' ta'n',
la vil'' de La'n, le R'ôn', la r'étoriq'', un r'um'.

LA MONTAGNE DE BELLEVILLE,

Historiette coupée par petites phrases (1).

M. SAINT VAL est un vieil lard très-ri che;

Il a je ne sais com- bien de *pe tits en fans* de tout â ge.

Com me ils sont bien rai son na bles, leur grand-pa pa n'a pas de plus doux plai sir que

(1) Faire reconnaître à l'enfant les *signes orthogra- phiques*, à mesure qu'ils se présentent.

de les me ner tous pro-
me ner, les di man ches
et les jeu dis.

Il les a con duits der-
ni è re ment à la *Mon-
ta gne de Bel le vil le.*

Gui dé par sa pru-
den ce or di nai re, il
s'é tait as su ré d'a van-
ce qu'au cun dan ger
ré el n'y me na çait ses
chers é lè ves.

A sept heu res du

ma tin, on s'est mis en rou te.

Le grand-pa pa fer- mait la mar che a vec ses fils, ses gen dres, ses fil les et bel les-fil les.

Les aî nés des en- fans vol ti geaient sur les cô tés, com me les sous-of fi ci ers d'un ré- gi ment.

Tout le long du che- min, les pas sans se ré cri aient sur le nombre et la bel le te nue de cet te jo lie *pen sion.*

Et le bon pa pa, en chan té, di sait en lui-mê me : « Tout ce la est pour tant à moi ! »

On ar ri va dans le plus bel or dre à la Mon ta gne.

L'ad mi nis tra tion, pré ve nue la veil le, a-vait fait ve nir de grand ma tin ses em plo yés.

El le leur a vait re-

com man dé de re dou-
bler de zè le et d'at-
ten tion.

Da me ! il fal lait voir
les chars rou ler dès
huit heu res !

Dieu sait com me les
en fans s'a mu sè rent!

Pen dant que les uns
dé grin go laient, d'au-
tres dans le jar din (qui
est ma gni fi que)
jou aient à co lin-mail-
lard, à la cor de, au cer-

ceau, en le vaient des cerfs-vo lans.

Les pe ti tes de moi sel les tour naient, as si ses dans les fau teuils des jeux de ba gue, ou dans les ba lan çoi res en for me de mou li net.

Les gar çons s'a mu saient à fai re par tir le pis to let de l'oi seau é gyp tien.

Tous ad mi rè rent les tours d'a dres se d'un

phy si cien très-ha bi le.

Il n'ar ri va pas le moin dre ac ci dent, par-ce que les pa pas et les ma mans em pê chè rent qu'il ne se fît au cu ne im pru den ce.

Et les en fans fu rent si con tens de leur ma-ti née, qu'en sor tant ils sup pli è rent leur bon pa pa de les ra me ner sou vent à la *Mon ta gne de Bel le vil le.*

TABLEAU

ALPHABÉTIQUE

DES JEUX LES PLUS CHERS

A L'ENFANCE.

Les jeux sont un besoin pour l'enfance ; ils délassent l'esprit et fortifient le corps. Jouez donc, mes enfans, jouez de tout votre cœur dans les momens de récréation que l'on vous accorde ; mais n'apportez pas moins d'ardeur au travail, quand vient à sonner l'heure qui vous y rappelle.

———

A. *L'Anguille.*

Vous êtes peut-être curieux de savoir pourquoi Alexandrine court après Adrien ? C'est pour lui donner de l'Anguille, c'est-à-dire, lui lancer dans la jambe, si elle peut l'atteindre, le coin de ce mouchoir roulé que vous voyez entre ses mains. Si Adrien, avant d'en avoir senti l'atteinte, peut rejoindre ses petits camarades que vous voyez derrière Alexandrine, il se remettra comme eux en rang, la main derrière le dos, pour attendre le mouchoir qu'elle doit remettre à l'un d'eux. Sinon ce sera son tour de faire cette remise, et d'être poursuivi de nouveau, jusqu'à ce qu'il ait montré plus de légèreté.

L'Anguille.   L'Arbaléte.

Les Barres.   La Bascule.

Le Cheval fondu.   Le Casse-téte.

L'*Arbalète.*

L'Arbalète est un jeu de petits garçons ; aussi voyez-vous Achille et Auguste s'y exercer loin de leurs sœurs occupées de quelque amusement plus analogue à leur goût. Celui-ci consiste à lancer une flèche dans le point noir de la pancarte dressée sur ce poteau. Achille se moque d'Auguste qui vise mal et passera loin du but.

B. Les *Barres*.

Comme ces enfans s'amusent en jouant aux Barres ! Baptiste a *Barres* sur Benjamin qui fuit vers ses camarades ; il croit l'atteindre ; mais Bernard qui le guette va partir au secours du pauvre fugitif. Il aura *Barres* à son tour sur Baptiste, qu'un coureur du parti opposé dégagera de même, s'il ne se laisse pas attraper auparavant. A ce jeu fort récréatif, on fait de part et d'autre des prisonniers et l'on cherche à les délivrer. C'est une petite guerre où les plus agiles sont vainqueurs.

La *Bascule*.

On appelle ainsi une pièce de bois arrêtée par le milieu dans un poteau planté en terre. Une fiche de fer qui traverse le poteau et la pièce de bois, permet à celle-ci de suivre l'impulsion qu'on lui donne. C'est le jeu favori de Bellote et de Biribi, son frère ; tantôt haut, tantôt bas, ils s'en donnent à cœur joie. Qu'ils continuent de se bien tenir à cette main de fer qui se trouve devant eux ; car si elle leur échappait, ils pourraient faire une lourde chute.

C. Le *Cheval fondu*.

C'est encore un jeu de petits garçons. Il y faut être au moins quatre, comme ceux que vous voyez au pied de cet arbre. Constantin, assis sur un petit tertre, reçoit dans ses genoux la tête de Caliste, pour que leurs camarades sautent à cheval sur le dos de celui-ci. Mais Chéri, qui y est arrivé le premier, n'avait pas pris assez d'élan, de sorte qu'il ne reste plus de place pour Charles, que vous voyez s'élancer à son tour. S'il ne peut pas s'établir solidement derrière Chéri, et battre des mains avant que le *Cheval*

Le Diable.	Le Diable-boiteux.
L'Escarpolette.	La Fronde.
Le gage touché.	La Glissoire.

soit *fondu*, ils perdront la partie, et ce sera le tour des deux autres de leur sauter sur le dos.

Le *Casse-tête*.

Savez-vous ce que fait Caroline sur ce guéridon ? Elle cherche à former des figures avec les sept petits morceaux de bois qui sont devant elle ; mais elle se *casse la tête*, et n'en peut venir à bout. Courage, Caroline ! un peu de patience et de réflexion, et vous finirez par réussir.

D. Le *Diable*. — Le *Diable boiteux*.

Ces jeux, sous des noms à peu près semblables, n'ont entre eux aucune ressemblance, et ne conviennent pas également aux deux sexes.

Il ferait beau voir une petite demoiselle, armée du tampon, courir à cloche-pied après de jeunes gaillards qui s'évertuent à crier : *Gare au Diable boiteux !* Bon pour Duval et ses trois camarades, qui, vous le voyez, s'y amusent comme des rois.

Ses sœurs, Delphine et Dorothée, savent trop ce qu'elles se doivent pour participer à cette récréation de garçons. Elles ont chacune un *Diable*, avec son fouet à deux manches, et voilà qu'elles mettent en mouvement ces joujoux d'invention moderne. « Allons, messieurs les Diables, *la promenade* et *le saut périlleux ;* viendront ensuite les terre-à-terre, et enfin la fameuse *ascension.* Mais, gare la chute ! il s'en faut que ce soit le plus beau de vos tours. »

E. *L'Escarpolette.*

« QUE risquons-nous? le fauteuil a été attaché solidement par ton papa lui-même. Je te dis qu'il n'y a pas le moindre danger. » Ainsi parlait Eugénie à Ermance sa voisine, qui tàchait de la détourner de se balancer sur l'escarpolette, en l'absence de son papa. Mais la petite obstinée ne céda pas, et, moitié complaisance, moitié désir de s'amuser elle-même, Ermance la plaça sur l'escarpolette, qui bientôt s'éleva jusqu'à l'extrémité des plus hautes branches d'arbre. Il n'y avait effectivement aucun danger, si la petite n'eût pas fait d'imprudence ; mais, enthousiasmée de se voir porter si haut, elle lâcha les bras du fauteuil pour battre des mains, et fut jetée à dix pas sur l'herbe.

F. La *Fronde*.

Je conçois que l'on trouve amusant de jeter des pierres à une très-grande distance ; mais on peut atteindre un honnête passant qui ne s'attend pas à pareille caresse, casser des vitres, ou, par une fausse direction de sa fronde, frapper un camarade à côté de soi. Oh ! alors combien ne regretterait-on pas de s'être livré à un amusement si dangereux ! Ce dernier malheur est arrivé à Frédéric; en joutant avec Félix à qui des deux *fronderait* le mieux, la pierre lancée par lui est venue frapper son ami, et lui a fait à la tête une profonde blessure. Vous sentez qu'ils ont été guéris pour la vie de la manie de jouer avec une fronde.

~~~~~~

G.   Le *Gage touché.*

« J'ORDONNE au *Gage touché,* s'il est à une demoiselle, qu'elle embrassera le plus beau garçon de la compagnie. » Ainsi parlait Gustave, qui, jouant seul avec ses sœurs, était bien sûr d'être embrassé par l'une d'elles. Aussi Georgette, à qui appartient le gage, va-t-elle faire la pénitence.

3*
~~~~~~

Mais Geneviève lui a fait un signe qui veut dire que le prochain gage est à leur frère, et la petite malicieuse se vengera en lui ordonnant à son tour une pénitence un peu plus rigoureuse.

La *Glissoire*.

VOILA ce que l'on gagne à faire le polisson. Ces trois gaillards se sont échappés de la maison paternelle, pour venir sur ce ruisseau gelé glisser tout à leur aise. Georges, l'un d'eux, trébuche et se fait bien du mal en tombant sur le derrière. Il sera fort heureux, s'il en est quitte pour la juste réprimande qui l'attend au logis.

Hanneton, vole vole !!   Isoline boude.

Les Jonchets.   Koradin travaille.

Loup-loup! y es-tu?

H. Hanneton, vole, vole, vole!!!!

« *Oh ! comme le mien s'élève !
Si j'avais seulement deux ou trois
écheveaux de fil, tu le verrais aller
jusque* dans le ciel. » *Voilà comme Henriette narguait son frère,
qui ne pouvait réussir à faire en-
voler son hanneton ; le petit bonhomme se dépitait ; mais tout à
coup un moineau s'élance de l'arbre voisin, happe l'insecte volant
au passage, et s'enfuit avec. C'était
le tour de Henriette d'avoir du cha-
grin. Hermann, qui, dans le fond,
avait un bon cœur, voit enfin son
hanneton prêt à partir ; aussitôt,
remettant le bout de son fil entre
les mains de sa sœur : « Tiens, lui
dit-il, Henriette, console-toi, voici
le mien ; il prendra l'essor dès que
tu lui auras dit :* Hanneton, vole,
vole, vole!!! »

I. *Isoline boude.*

Avec une telle quantité de jouets autour d'elle, Isoline n'est pas encore contente ; on lui a refusé une chose qu'il était impossible de lui donner, et mademoiselle boude. Oh ! le vilain caractère ! Si l'on faisait bien, ce serait de la mettre pour huit jours en pénitence ; et de la sevrer de ses joujoux, dont elle ne fait si peu de cas, que parce qu'elle en a de trop à sa disposition.

J. Les *Jonchets.*

Vous vous étonnez, mes enfans, de l'air tranquille avec lequel Joséphine, Julie et Justin entourent ce bloc de pierre : c'est que vous ne faites pas attention au jeu qui les occupe ; cependant cette pile de petites baguettes et ce bâtonnet fourchu, que Julie promène à leur surface, devraient vous faire reconnaître les Jonchets (que d'autres appellent Honchets). Il s'agit d'en enlever un, sans remuer aucunement le reste de la pile ; vous jugez bien qu'elle doit mettre à éviter ce *malheur*, qui ferait passer le crochet dans les mains d'un autre, autant d'attention qu'en apportent ses antagonistes à épier les fautes qu'elle peut faire.

K. *Koradin travaille.*

Ce pauvre Koradin ! il a été distrait pendant la classe et n'a pas fait son devoir ; de sorte qu'il se trouve privé de récréation jusqu'à ce qu'il se soit remis au courant. Il reconnaît la justice de cette punition; aussi travaille-t-il en ce moment à rattraper le temps perdu. Il y parviendra, et ses maîtres le récompenseront; car une faute que l'on répare aussi bien, cesse d'en être une.

L. *Loup-loup, y es-tu ?*

« Je suis Loup-loup qui te mangerai. — Je suis Biche-biche qui me défendrai. — J'aurai un petit bout de ta queue. » Tel est le dialogue naïf de ce jeu, où Lubin joue le rôle du loup, et Lisbeth celui de la biche. L'une étend les bras, et fait toujours face à l'autre pour l'empêcher de prendre ce petit bout de queue qu'il envie. Par malheur, c'est Lolotte, enfant de cinq à six ans, qui le termine, et malgré les avertissemens de sa grande sœur, il

La Main-chaude.   La Marelle.

Les Noyaux.   Les Osselets.

Le Pied de bœuf.   Petit bonhomme vit encore.

est plus que probable que le petit bout de queue sera la proie du loup.

~~~~~~

M. La *Main-chaude* et la *Marelle*.

POURQUOI ces trois petites filles jouent-elles à la Main-chaude, pendant que leurs frères font une partie de Marelle? C'est que ces messieurs les ont laissées là pour se livrer à un jeu qu'ils savaient bien qu'elles ne pouvaient partager. En effet, une demoiselle ne saute pas à cloche-pied pour la Marelle, plus que pour le Diable boiteux. Celles-ci laissent leurs frères se disputer pour quelque infraction aux règles de leur jeu, et s'amusent fort bien sans querelle. Minette allonge la main comme pour frapper; mais c'est Marie qui donne le coup, et l'autre, trompée par le mouvement qu'elle a senti,
~~~~~~

nomme Minette; cette ruse, répétée plusieurs fois de suite, va la tenir un bon quart d'heure *la tête dans le sac*.

~~~~~~

N. Les *Noyaux*.

C'est un jeu un peu trivial que celui de *Noyaux*, et les enfans y contractent une locution vicieuse, dont ils ont ensuite mille peines à se défaire. En se préparant à jeter leurs noyaux dans le trou qu'ils ont fait au pied d'un mur, il n'en est presque pas qui ne s'écrie : « Envoie-moi-z'y des quatre, des six. » *Envoie-moi-z'y*, *donne-moi-z'en*, sont des fautes abominables.

~~~~~~

O. Les *Osselets*.

Ce jeu diffère du précédent en ce qu'au lieu de jeter les osselets dans une fossette, on les fait sauter en l'air, pour les recevoir sur le revers de la main.

Dans la petite scène que vous avez sous les yeux, Ophélie, toujours vive, toujours impatiente, ne laisse pas à son frère Ogier le temps de prolonger la partie; elle s'empare des Osselets qu'elle peut attraper. Cela n'est pas bien : il faut au jeu, comme dans toutes les autres actions de la vie, savoir se conformer aux principes reçus.

P. Le *Pied-de-bœuf*.

« Neuf ! Je retiens mon Pied-de-bœuf ! — Ah ! bien ! si mademoiselle Palmyre se retire toujours comme cela, je ne peux pas manquer d'être pris. — Pas de rebellion, monsieur Charles. Voyons, de trois choses en ferez-vous une ? La première, c'est de prendre la lune avec les dents; la seconde, d'être bien sage pendant un quart d'heure;

la troisième, d'embrasser maman. — Oh ! à pareil prix, tu peux toujours te retirer, Palmyre. »

Charles courut embrasser sa mère et revint promptement au jeu chercher de nouvelles pénitences.

***

Petit bonhomme vit encore.

En voyant ses frères et sœurs jouer à *Petit bonhomme vit encore*, Paulin veut être de la partie ; on l'admet donc dans le cercle, et le *petit bonhomme*, bien vif, passe de main en main jusqu'à Pulchérie, qui, le voyant mourir dans les siennes, est obligée de donner un gage.

***

Q. Les *Quatre coins.*

« St, st, st, par ici, par ici ! » Ces mots retentissent des quatre pieds d'ar-

Les Quatre-coins.   La Roue.

Le Sabot   Le Sifflet d'attrape.

Les Totons.   Le Tamis.

bre, où trois petites demoiselles et un petit garçon jouent aux quatre coins avec leur jeune frère, qui, dans cette partie, n'a pas le plus beau rôle. Mais patience; il n'est pas maladroit, et il aura bien du malheur, si, au premier déplacement général, il n'a pas un des quatre coins à sa disposition.

***

R.   La *Roue*.

Oh ! voilà tout-à-fait un jeu de polissons des rues. Aussi notre dessinateur, que le goût et les convenances guident toujours, a-t-il laissé nu-pieds les deux petits garçons qui, sur ce grand chemin, font à qui mieux mieux la roue.

***

S.   Le *Sabot* et le *Sifflet d'attrape*.

Sylvestre jouait à des jeux innocens avec sa petite société. C'était à lui de saisir entre les mains du siffleur l'instrument aigu qui retentissait toujours derrière son dos. C'est qu'on l'y avait attaché ; et dès qu'il faisait le mouvement de se retourner, on n'avait qu'à lâcher le sifflet, qui tournait aussitôt avec lui. Monsieur, en découvrant à la fin le secret de cette attrape, s'est fâché, et s'est retiré de la compagnie, pour jouer tout seul avec son sabot. Il a bien fait : quand on n'entend pas le jeu, il faut rester dans son coin comme un hibou.

T. Les *Totons*.

THÉRÈSE et sa sœur préfèrent les Totons à tous leurs autres jouets ; leur maman a permis ce jeu tranquille à toutes les récréations, sous la condition expresse que l'on compterait de part et d'autre les points amenés chaque fois. Ainsi, il ne suffit pas pour gagner la partie d'avoir le nombre de points fixés : il faut encore l'additionner sans faute, et dire exactement ce que la perdante a de moins que sa sœur. Cette méthode si simple a réussi : les enfans ont appris, en se jouant, les deux premières règles de l'arithmétique (1).

Le *Tamis*.

Le Tamis, dont ce jeu porte le nom, ne sert qu'à donner le premier rebond à la balle que le joueur, armé d'une raquette, pousse aussitôt vers son camarade. Théodore et Turpin y sont très-habiles ; ils se renvoient la balle avec une force, une adresse qui étonnent tout le monde. Outre l'amusement qu'ils y prennent, cet exercice donne à leurs muscles une souplesse dont il est impossible de se faire une idée.

(1) Voyez ci-après notre petit traité d'*Arithmétique enfantine.*

U. *Ursule punie, Uranie récompensée.*

Ursule et Uranie se sont conduites bien différemment pendant l'absence de leur mère. Elles avaient une tâche à peu près égale : l'une a rempli la sienne, l'autre a passé tout son temps à jouer. Aussi la maman, à son retour, donne-t-elle de beaux joujoux à Uranie, tandis qu'Ursule est enfermée dans un bûcher, avec un morceau de vilain pain noir et une grande cruche d'eau.

V. Les *Volans.*

Voila, j'espère, une belle partie de Volans. Victor et sa sœur y jouent à l'ancienne manière, c'est-à-dire, avec

Ursule punie.   Uranie récompensée.
Les Volans.
Xavier.   Yves.   Zerbine.

des raquettes; Valérie et son frère se servent d'une espèce de cornet adapté à un petit bâton. Ces deux méthodes demandent une égale adresse; mais avec les cornets on prend moins d'exercice, car on pourrait au besoin y jouer assis : or, tout le monde convient qu'un peu de mouvement est nécessaire au développement des forces corporelles.

X, Y, Z. *Xavier, Yves* et *Zerbine.*

JE connais des enfans qui, si on les laissait faire, passeraient des semaines, des mois entiers à jouer du matin au soir. Qu'ils viennent examiner Yves au milieu de ses joujoux; ils le verront étendre les bras et bâiller à se démonter la mâchoire. Qu'ils considèrent ensuite Xavier et sa sœur Zerbine; l'une lit, l'autre écrit sans même

penser au jeu ; c'est que l'heure n'en
est pas encore venue pour eux, et que,
tout entiers à leurs devoirs, ils ne re-
gardent la récréation que comme une
juste récompense du travail.

QUATRAINS ET DISTIQUES MORAUX.

L'AMUSEMENT de la lecture
Est utile autant qu'il est doux :
Les livres achèvent en nous
Ce qu'a commencé la nature.

Défauts d'autrui sont un miroir
Où l'œil voit et ne peut se voir.

Oh ! que j'aime ce caractère,
Qui réunit à la candeur
De la vertu l'amour sincère,
La modestie et la pudeur.

Le temps est un trésor que le travail féconde,
Et les jours de l'oisif sont un vol fait au monde.

Pour s'instruire de son devoir,
Il est toujours temps de s'y prendre.
On rougit de ne pas savoir ;
Jamais on ne rougit d'apprendre.

ARITHMÉTIQUE ENFANTINE.

Ce genre d'études offre plus de difficultés qu'il ne s'en est encore trouvé sous nos pas; mais deux ou trois historiettes qui s'y rattachent, des récréations, des récompenses accordées à propos, exciteront le zèle de l'élève et contribueront à ses progrès.

L'Arithmétique est l'art de calculer les produits de différens nombres, sous quelque aspect qu'ils se présentent.

Ces nombres s'expriment, soit en toutes lettres, soit, pour faciliter les calculs, en chiffres *arabes*.

Il est aussi des chiffres *romains*, c'est-à-dire formés de certaines lettres de l'alphabet. Mais on ne les emploie guère que pour désigner une date quelconque.

Voici le tableau des nombres et des différens signes connus sous le nom de chiffres.

Noms des Nombres.	Chiffres arabes.	Chiffres romains.
un	1	I.
deux	2	II.
trois	3	III.
quatre	4	IV.
cinq	5	V.
six	6	VI.
sept	7	VII.
huit	8	VIII.
neuf	9	IX.
dix	10	X.
onze	11	XI.
douze	12	XII.
treize	13	XIII.
quatorze	14	XIV.
quinze	15	XV.
seize	16	XVI.
dix-sept	17	XVII.
dix-huit	18	XVIII.

dix-neuf	19	XIX.
vingt	20	XX.
trente	30	XXX.
quarante	40	XL.
cinquante	50	L.
soixante	60	LX.
soixante-dix	70	LXX.
quatre-vingts	80	LXXX.
quatre-vingt-dix	90	XC.
cent	100	C.
deux cents	200	CC.
trois cents	300	CCC.
quatre cents	400	CCCC.
cinq cents	500	D.
mille	1000	M.
mil huit cent dix-huit	1818	MDCCCXVIII.

CONNAISSANCE DES NOMBRES.

Le premier pas dans la science des calculs est de se bien mettre en tête l'ordre des chiffres; et pour y parvenir, il ne faut que suivre la méthode du petit Charles.

Le petit arithméticien.

Charles avait un linot qu'il aurait bien voulu entendre siffler en cadence. Sa maman eut la complaisance d'acheter une serinette, et voilà Charles chargé de jouer tous les matins une certaine quantité d'un même air, auprès de la cage couverte d'un voile.

Mais l'oiseau n'apprenait pas vite, et Charles s'ennuya de sa sérénade. « Encore, disait-il, si l'on changeait d'air ! — Tu vois bien, répondit la mère, qu'en lui en enseignant plusieurs, il n'en apprendrait aucun. Allons, du courage, si tu veux le rendre savant. »

Charles, qui se payait de raisons, serinait de plus belle; mais il demandait bientôt combien d'airs il fallait encore jouer. « Dix, répliquait la maman. — Est-ce beaucoup, dix? — Autant que tu as de doigts dans les deux mains. » Et l'enfant de recommencer, en comptant sur ses doigts, un, deux, trois, jusqu'à dix. On fixa ensuite des nombres plus considérables qu'il parvint à compter de même, et au bout de quelques jours, il ne consultait plus ses doigts pour aller jusqu'à trente, quarante et plus.

Il s'agissait de lui faire connaître ces chiffres qu'il nommait si bien dans leur ordre. Sa maman fit l'achat d'un loto, et Charles y joua avec ses frères et sœurs. Peu à peu, il sut qu'un seul chiffre était une unité, deux une dizaine, trois une centaine, quatre un mille, et ainsi du reste.

Il avait gagné dans cet apprentissage quantité de bonbons, de joujoux, de billets de contentement, qu'il montrait tout joyeux aux personnes qui venaient rendre visite à sa mère.

LES DEUX PREMIÈRES RÈGLES.

L'Addition et la soustraction sont les deux premières règles de l'arithmétique.

Additionner, c'est de plusieurs sommes n'en former qu'une qui les renferme toutes; cette somme s'appelle *total*.

La suite du jeu de Toton. (Voy. p. 68.)

THÉRÈSE et sa sœur, d'après l'ordre de leur maman, comptèrent ainsi leur première partie de *Toton.*

Thérèse, du premier coup, amena	4
du second.	2
du troisième.	6
du quatrième.	1
du cinquième.	4

Elle plaça ses chiffres bien exactement l'un au-dessous de l'autre, et dit :

4 et 2 font 6; 6 et 6 font 12; 12 et 1 font 13; 13 et 4 font. 17

Sa sœur, qui faisait tourner le Toton alternativement avec elle, eut

au premier coup. . . .	5
au deuxième.	3
au troisième.	1
au quatrième.	3
au cinquième.	6

Elle additionna à son tour comme ceci :

5 et 3 font huit; 8 et 1 font 9; 9 et 3 font 12; 12 et 6 font. 18

« Dix-huit ! s'écria-t-elle toute glorieuse ; j'ai gagné d'un point, j'ai gagné ! — Oh ! tu t'es peut-être trompée. — Non : demande plutôt à maman. »

La maman ne voulut pas juger l'affaire ; elle prétendit qu'il y avait un moyen de faire la preuve de *l'addition ;* Thérèse se souvint que c'était *la soustraction*, qui consiste à retrancher ou soustraire une somme d'une autre ; elle prit un petit air doctoral et dit à sa sœur : « Pour faire la *preuve* d'une addition, il faut la recommencer en laissant de côté la première de toutes les sommes ; ainsi, au lieu de compter 5 (le premier point de ton jeu), tu n'as qu'à partir du 3 qui en est le second. » La petite y consentit ; elle additionna : 3 et 1 font 4 ; 4 et 3 font 7 ; 7 et 6 font 13.

« Eh bien, reprit Thérèse, tu avais tout à l'heure ? — 18

« —Pose bien exactement au-dessous tes. 13

et compte de 8 payant 3, reste ?—. ‾‾5

« — Bon ! Mets ce 5 au-dessous du 3 : c'est cela ; maintenant à la première colonne :

De 1 payant 1, reste... combien?—Rien.—
Tu as donc pour différence d'une addition à
l'autre...? — Un 5 , le même chiffre que le
premier point de mon jeu , non compris dans
cette deuxième addition. — Qu'en résulte-
t-il? — Que tu as perdu, Thérèse ; car 13
et 5 font 18, et mon addition est bonne. »

(N. B.) Nous pourrions donner de même
quelques leçons des troisième et quatrième
règles, *la multiplication* et *la division*. Mais
l'espace nous manque, et d'ailleurs nous
craindrions que cette étude ne devînt trop
compliquée pour des commençans. Nous
nous bornons à la *table de multiplication* ci-
après, la plus simple de toutes celles que l'on
a dressées pour l'enfance ; et nous engageons
les instituteurs à la faire apprendre à leurs
élèves.

TABLE DE MULTIPLICATION.

2 fois	font		5 fois	font		8 fois	font	
2	2	4	5	2	10	8	2	16
2	3	6	5	3	15	8	3	24
2	4	8	5	4	20	8	4	32
2	5	10	5	5	25	8	5	40
2	6	12	5	6	30	8	6	48
2	7	14	5	7	35	8	7	56
2	8	16	5	8	40	8	8	64
2	9	18	5	9	45	8	9	72
2	10	20	5	10	50	8	10	80

3 fois	font		6 fois	font		9 fois	font	
3	2	6	6	2	12	9	2	18
3	3	9	6	3	18	9	3	27
3	4	12	6	4	24	9	4	36
3	5	15	6	5	30	9	5	45
3	6	18	6	6	36	9	6	54
3	7	21	6	7	42	9	7	63
3	8	24	6	8	48	9	8	72
3	9	27	6	9	54	9	9	81
3	10	30	6	10	60	9	10	90

4 fois	font		7 fois	font		10 fois	font	
4	2	8	7	2	14	10	2	20
4	3	12	7	3	21	10	3	30
4	4	16	7	4	28	10	4	40
4	5	20	7	5	35	10	5	50
4	6	24	7	6	42	10	6	60
4	7	28	7	7	49	10	7	70
4	8	32	7	8	56	10	8	80
4	9	36	7	9	63	10	9	90
4	10	40	7	10	70	10	10	100

ESSAIS ÉLÉMENTAIRES

DE GRAMMAIRE ET D'ORTHOGRAPHE.

On appelle *Grammaire* l'art de *parler* correctement une langue ; *Orthographe*, l'art d'en *écrire* les mots et les phrases avec toutes les lettres, les accens et la ponctuation nécessaires.

Les phrases sont composées de mots, les mots de syllabes, les syllabes de lettres réunies.

Il y a dix sortes de mots ou parties du discours ; les principales sont l'article, le nom, le pronom, l'adjectif et le verbe.

Le nom est de deux *genres*, le masculin et le féminin ; il est aussi de deux *nombres*, le singulier et le pluriel.

L'article a de même deux genres ; au singulier, *le* est masculin, *la* féminin. Il aide alors à reconnaître le genre du nom qui le suit. Son pluriel, *les*, sert pour les deux genres.

L'article et le nom sont au singulier, quand il ne s'agit que d'un seul objet; au pluriel, quand il s'agit de plusieurs : le cheval, le livre, l'habit (pour le habit, voyez ci-après *l'apostrophe*), la classe, la récréation, la balle, sont au singulier, parce qu'il ne s'agit que d'*un* cheval, etc., d'*une* classe, etc. ; s'il s'agissait de plusieurs, il y aurait *les* chevaux, *les* livres, *les* classes, etc.

Cheval, livre, habit, précédés de l'article *le*, sont masculins ; classe, récréation, balle, précédés de l'article *la*, sont féminins. Remarquons aussi que l'article *les* se met également devant les noms des deux genres, au pluriel.

Orthographe des noms.

Au pluriel, la plupart des noms se terminent par *s*. Exemple :

Sing. Homme, femme, lit, maison.
Plur. Plusieurs hommes, femmes, lits, maisons.

Ceux qui finissent par les diphthongues *au*, *eu*, *ou*, prennent au pluriel *x* au lieu de *s*. Exemple :

Sing. Bateau, genou, aveu.
Plur. Plusieurs bateaux, genoux, aveux.

Les noms terminés au singulier par *s*, *x*, *z*, ne changent point au pluriel ; on écrit également : *un* ou *plusieurs* bas, cadenas, perdrix, nez, etc.

al, *ail*, se changent en *aux* au pluriel. Exemple :

Sing. Cheval, canal, soupirail.
Plur. Chevaux, canaux, soupiraux.

Il y a quelques exceptions que fera connaître l'usage, telles que *bal*, qui fait au pluriel *bals*, tc

Ceux terminés en *nt* au singulier, se terminent assez généralement en *ns* au pluriel. Exemple :

Sing. Enfant, accent, moment, torrent.
Plur. Enfans, accens, momens, torrens.

Il y a quelques exceptions, et notamment pour certains monosyllabes (mots d'une syllabe). Exemple :

Sing. Cent, dent, gant, lent, vent.
Plur. Cents, dents, gants, lents, vents.

Orthographe des adjectifs.

L'ADJECTIF, qui sert à *qualifier* le nom, s'accorde toujours avec lui. Ainsi il est masculin ou féminin, singulier ou pluriel, selon que le nom est masculin ou féminin, singulier ou pluriel. Exemple :

Sing. *Un* homme prudent, *une* femme prudent*e*.

Plur. *Des* hommes prudens, *des* femmes prudent*es*.

Les adjectifs terminés par un *e* muet au singulier masculin, ne changent point au féminin, et forment leurs deux pluriels l'un comme l'autre.

Un homme sage, *des* hommes sages.
Une femme sage, *des* femmes sages.

Ceux qui se terminent au masculin en *e* (fermé), *i, u,* prennent l'*e* muet au féminin. Exemple :

Un homme sensé, étourdi, perdu.
Une femme sensé*e*, étourdi*e*, perdu*e*.
Des hommes sensés, étourdis, perdus.
Des femmes sensé*es*, étourdi*es*, perdu*es*.

Ceux en *eil, el, ul,* doublent *l* et prennent l'*e* (muet). Exemple :

Masc. Pareil, universel, nul.
Fém. Pareil*le*, universel*le*, nul*le*.

Ajoutez *s* au pluriel.

Ceux en *eur* font le plus souvent *euse* au féminin. Exemple :

Masc. Logeur, moqueur, menteur.
Fém. Log*euse*, moqu*euse*, ment*euse*.

Cependant, enchanteur fait enchant*eresse*, vengeur, veng*eresse*, etc.

Dans les adjectifs terminés en *x*, cette lettre au féminin se change en *se*. Exemple :

Masc. Peureux, boiteux, morveux.
Fém. Peureu*se*, boiteu*se*, morveu*se*.

Exceptez de cette règle, doux et faux, qui font au pluriel dou*ce* et fau*sse*.

C final se change le plus souvent en *que*, et quelquefois en *che*. Exemple :

Grec, grec*que* ; public, publi*que* ; caduc, cadu*que* ; turc, tur*que*.

Blanc, blan*che* ; franc, fran*che* ; sec, sè*che*.

F final se change en *ve*. Exemple :

Masc. Bref, naïf, plaintif, vif.
Fém. Brè*ve*, naï*ve*, plainti*ve*, vi*ve*.

Orthographe des pronoms et des verbes.

LE pronom se met *pour le nom,* quand celui-ci ne peut entrer dans la phrase.

Il y a des pronoms de trois personnes. Ceux de la première personne (celle *qui* parle) sont *je* ou *moi* pour le singulier ; *nous* pour le pluriel.

Ceux de la deuxième (celle *à qui* l'on parle) sont *tu* ou *toi* au singulier ; *vous* au pluriel.

(*N. B.*) On dit aussi *vous* en parlant à une seule personne (règle particulière de politesse française).

Ceux de la troisième personne (celle *de qui* l'on parle) sont au singulier, *il*, *elle*, *lui*, *soi*, *se;* au pluriel, *eux*, *elles* (1).

Le pronom est presque toujours inséparable du verbe.

---

(1) Il y a aussi des pronoms *possessifs* (indiquant la possession). Ex. : *mon* livre, *ma* chaise, *ton* habit, *ta* chambre, *votre* banc, *son* chapeau, *sa* chemise, *mes* livres, *tes* habits, *vos* bancs, *ses* chemises, *leurs* armes;

Des pronoms démonstratifs (montrant la chose comme du bout du doigt); comme : *ce* lit, *cette* table, *ces* chaises, *celui*, *celle*, *ceux*, *celles;*

Et des pronoms relatifs (se rapportant à la personne ou à la chose). Ex. : Les hommes ou les femmes *qui* chantent, les enfans *que* l'on aime, les élèves *de qui* ou *dont* on est content, les soldats *à qui* ou *auxquels* on commande.

Il y a deux sortes de verbes : le verbe *actif*, qui désigne l'action *directe* d'une personne ou d'une chose, et le verbe passif, qui désigne une action *indépendante* de cette même personne ou de cette même chose.

Exemples de verbes actifs.

Je cours, tu joues, il ou elle mange, nous étudions, vous voulez, ils ou elles travaillent.

Exemples des verbes passifs.

Je suis aimé (ou aimée), tu es vengé (ou vengée), il (ou elle) est haï (ou haïe), nous sommes perdus (ou perdues), vous êtes sauvés (ou sauvées), ils (ou elles) sont condamnés (ou condamnées).

Dans ces exemples, il est facile de distinguer le masculin du féminin et le singulier du pluriel, au moyen des parenthèses qui les enferment.

Le défaut d'espace, et les difficultés que présente la conjugaison des verbes, nous forcent à renvoyer pour cet objet à la grammaire de Lhomond.

OBSERVATIONS

SUR QUELQUES CONSONNES.

C a la prononciation rude de *k* devant les voyelles *a, o, u*. Exemple : *ca*non, *co*r, *cu*ré. Devant les voyelles *e, i*, il prend celle de deux *s*. Exemple : grâ*ce*, pré*cis*, sou*ci*. Dans certains cas, *c* a la prononciation douce, quoique suivi des voyelles *a, o, u;* alors il faut placer au-dessous une cédille qui lui donne cette figure *ç*. Exemp : fa*ç*ade, fa*ç*on, aper*ç*u.

D à la fin d'un mot prend le son de *t* devant une voyelle. Exemple : Quan*d* irons-nous jouer sous le gran*d* orme?

G a le son doux de la consonne *j* devant *e, i*. Pa*ge*, ga*ge*ure, ima*g*ination, Imo*g*ine, seraient mal orthographiés, si l'on s'avisait d'écrire : pa*j*e, ga*j*eure, ima*j*ination, etc., comme on les prononce.

H est muette dans *h*omme, *h*onneur, *h*éroïne, *h*istoire. Mais n'écrivez pas : omme, onneur, éroïne, istoire.

Elle est aspirée en tête des mots : héros, hideux ; ainsi l'on dit : *le-héros, la-hideuse* figure.

Après les diphthongues *ail, eil, euil, ouil,* on double *l*, si le mot se compose d'une ou plusieurs syllabes. Exemple : je travai*lle*, tu vei*lles*, l'eau boui*ll*onne. C'est ce qu'on appelle des *ll* mouillées. Lorsque ces diphthongues terminent le mot, on ne met qu'une seule *l*, et l'on prononce comme s'il en existait deux. Exemple : trav*ail*, rév*eil*, cerc*ueil*, fen*ouil*.

M. Le son nasal n'indique pas toujours la présence de la lettre *n* à la fin et dans le milieu des mots. Il faut un *m* final à : faim, nom, parfum, etc.

De même, dans les mots où la syllabe nasale est suivie des consonnes *b* et *p*, c'est toujours une *m* et non une *n* qui précède ces consonnes ; ainsi on écrit : a*m*bitieux, a*m*pleur, e*m*barras, e*m*prunter, i*m*primerie, co*m*plaisance, hu*m*ble.

S. La prononciation *ze* appartient à *s* entre deux voyelles. Exemple : ca*s*e, pe*s*er, brai*s*e, cri*s*e, métamorpho*s*e, abu*s*er.

T se place entre le verbe terminé par une

voyelle, et les pronoms *il, elle, on.* Exemple : danse-*t-il* ? pense-*t*-elle ? jouer*a-t-on* ?

T se prononce comme *ss* ou *c* doux dans la plupart des mots où il est suivi de deux voyelles. Exemple : po*ti*on, pa*ti*ence, par*ti*al, iner*tie.*

Dans les mots où il est précédé d'un *s* ou d'un *x,* il reprend le son fort. Exemple : que*sti*on, combu*sti*on , mi*xti*on.

Divers signes orthographiques.

Accens. (′ ‵ ^). Les accens, dont nous avons déjà parlé, page 82, servent à faire connaître le ton , l'*accent* que l'on doit donner aux voyelles.

Accent aigu (′). Sur la lettre *e.* Exemple : aim*é,* donn*é,* plac*é.*

Accent grave (‵). Sur les lettres *a, e, u.* Exemple sur la lettre *a :* je suis *à* vous, je vais l*à.*

Sur la lettre *e ,* il indique qu'il faut ouvrir fortement la bouche pour prononcer la syllabe. Exemple : p*è*re, m*è*re, acc*è*s, proc*è*s.

Sur la lettre *u,* il sert à différencier certains mots d'autres mots semblables qui n'ont pas le même sens. Exemple : dites-moi où vous allez, ou ne sortez pas.

Accent circonflexe (ˆ). Il désigne le plus souvent les voyelles longues. Exemple : bât, blême, gîte, apôtre, flûte.

Il différencie encore pour le sens certains mots qui s'écrivent l'un comme l'autre. Ex. Du 15 juin, dû 30 francs ; je l'ai cru vin du crû.

Apostrophe ('). Elle marque la suppression de la voyelle dans les monosyllabes ci-après :

Le, la : l'homme, l'asperge, l'héroïne.
Je, me : j'habite ici, viendrez-vous m'y voir?
Te, ce : t'ai-je dit que c'était moi?
Se, de : il s'enivre d'orgueil.
Ne, que : je n'ai qu'à parler.
Si : s'il se peut.

Tréma (¨). Placé sur les voyelles *e, i, u,* il indique, pour la voyelle qui l'admet, un son bien distinct de la voyelle qui précède. Exemple : haïr, Noël, aiguë, héroïne, naïade, naïve.

Cédille (͕). Voyez ci-devant, page 89.

Parenthèses (). Ces deux demi-cercles indiquent, dans une phrase, une observation utile, mais non indispensable. Exemple : On a vu des enfans (de mauvais sujets) ne pas profiter des soins qu'on leur donnait. Si vous étudiez bien (comme c'est votre devoir), vous serez récompensés.

Trait d'union (-). Il sert à joindre deux mots qui par le sens n'en font plus qu'un. Exemple : chef-d'œuvre, avant-poste, etc.

Il réunit un verbe au pronom qui le suit. Exemple : puis-je, viens-je, faut-il, dit-on.

On le met aussi avant ou après les mots *ça, ci, là*. Ex. : Prends-ça, celle-ci, ci-après.

Il indique aussi la coupure d'un mot trop long dont on rejette une partie à la ligne suivante. Exemple : On peut, dans la contemplation, s'oublier au point de, etc.

Guillemets (« ») *et traits de séparation* (—). Les guillemets, dans un récit, indiquent les discours des divers personnages mis en scène, et les traits de séparation servent, lorsque l'interlocuteur change, à éviter la répétition fastidieuse des mots *dit-il, dit-elle, reprit-il,* etc. Exemple :

Théodore vint un soir, comme de coutume, embrasser sa mère. Elle lui demanda s'il avait satisfait ses maîtres. « J'ose au « moins l'espérer, ma chère maman. — Tu « as su tes leçons ? — Parfaitement. — Tu « n'as pas eu quelques distractions en classe ? « — Le moins que j'ai pu, maman. — Tu « es un petit garçon bien sage, il faut que je « te récompense. » Et la maman, après l'avoir embrassé, lui donna des bonbons, et lui permit d'aller jouer avec ses camarades.

Capitales. Il faut une lettre capitale ou majuscule au commencement des phrases et des noms propres d'hommes, de lieu, de dignités. Exemple : Nous aimons Charles quand il est sage ; le Roi est allé à Saint-Cloud ; j'ai vu le Ministre.

Ponctuation.

Elle divise les phrases et indique des repos plus ou moins longs.

La virgule (,) n'autorise qu'un faible repos. Exemple : J'ai vu sortir M. Firmin, sa femme, leurs enfans et la bonne.

Le point et virgule (;) permet un repos un peu plus marqué. Exemple : J'aime beaucoup mes enfans ; mais il faut qu'ils soient sages.

Les deux points (:) se mettent à la fin d'une phrase qu'une phrase suivante éclaircit ou prolonge. Exemple : A son approche, je m'arrête : il me voit : « Que fais-tu là ? » me dit-il.

Le point (.) désigne une phrase terminée. Exemple : Je viens de Versailles. Le chemin était beau ; mais il faisait une chaleur insupportable.

Le point interrogatif (?) s'emploie à la suite d'une question. Exemple : Avez-vous retrouvé votre livre ? Serez-vous plus sage à l'avenir ?

Le point d'admiration ou *d'exclamation* (!) sert quand on admire une chose ou qu'on se récrie à son sujet. Exemple : Ah ! c'est bien ! Vous êtes un homme admirable !

FABLES.

Le Château de cartes.

Frédéric en était au second étage de son château de cartes, quand un coup de vent le détruisit de fond en comble. « On peut recommencer, » dit-il, et bientôt l'édifice hardi compte trois rangs de hauteur. Mais le vent le renverse encore : « Tu ne t'abattras plus, » reprend-il en se hâtant d'élever muraille sur muraille. Déjà le château atteignait un degré de plus, quand, fatigué de son jeu, Frédéric secoue vivement la table, et renverse de sa propre main les murs qu'elle prit tant de peine à entasser.

En voyant tout se détruire autour de lui, l'homme, semblable à cet enfant, apprend à se faire un jeu de la destruction.

Le jeu d'échecs.

Au jeu d'échecs, le roi, la reine,
Les pions et les cavaliers,
Ont chacun leur place certaine
Et leurs emplois particuliers.
Mais, à la fin de la partie,
Quand les débats sont terminés,
Tous dans la même boîte et sans cérémonie
Pêle-mêle sont enfermés.

En raccourci, ce jeu représente la vie,
Et ces honneurs, si chers à notre vanité ;
De même qu'aux échecs, notre course finie,
Le trépas rétablit pour nous l'égalité.

FIN.

www.ingramcontent.com/pod-product-compliance
Ingram Content Group UK Ltd.
Pitfield, Milton Keynes, MK11 3LW, UK
UKHW020314130726
13696UKWH00003B/1050